DESDE MI UNIVERSO

POEMAS Y POEMÍNIMOS
DEL ALMA

O MAR E STRELLA E SCUDERO

D ESDE MI UNIVERSO

P OEMAS Y POEMÍNIMOS
DEL ALMA

ola
PUBLISHING
INTERNACIONAL

Hola Publishing Internacional
Eugenio Sue 79, int. 4, Col. Polanco
Miguel Hidalgo, C.P. 11550
Ciudad de México, México

Primera edición, enero 2025
ISBN: 978-1-63765-622-8

Dedico esta obra a mis padres, Inés Escudero Montaño y Ricardo Domingo Estrella y Trejo, por haberme dado la vida; nací con luz y don en este mundo. También agradezco al Dr. Abelardo Hernández Jiménez por su ejemplo y motivación en mi camino; a la Mtra. Zenaida Hernandez Gutiérrez por todo el apoyo que me ha brindado, por creer en mí, por su incondicionalidad; así como a la Sra. Bárbara Peñate Diaz por todo el soporte y los ánimos brindados.

Índice

Prólogo

Las letras y las palabras tienen poder, poder que da significado a los sentimientos, emociones, sensaciones e inspiraciones cuando son escritas y leídas, más aún cuando todas estas cuestiones emocionales se convierten en un poemario donde se busca la explicación a través del diálogo del amor y del universo para la compresión de uno mismo, de las y de los otros.

Busca dentro de ti la solución de todos los problemas,
hasta de aquellos que creas más exteriores y materiales.

Dentro de ti está siempre el secreto;
dentro de ti están todos los secretos.

Amado Nervo[1]

---

[1] "Dentro de ti está el secreto".

Vuela en busca de los deseos vibrantes, los sentimientos más sublimes de amor, fe, esperanza y gozo, te invito a leer con mucha atención estos bellos poemas que llevan un mensaje para amar, para esperanzar, porque dentro de ti está la solución a todos tus problemas; pide lo que quieras al universo con mucha fe y lo lograrás. Esta obra que presenta el autor es la sabiduría del amor, es la constelación del universo.

Omar Estrella Escudero nació un 8 de abril de 1983, hijo de Inés Escudero Montaño y Ricardo Domingo Estrella y Trejo. Se considera una persona extrovertida con una gran pasión por la escritura. Desde niño le gustó escribir cuentos; en la adolescencia se enfocó en crear poemas. Siempre escribiendo desde el interior en las emociones y sentimientos, sus poemas abarcan desde metáforas, poesía coloquial, verso blanco, etc. También escribe desde la objetividad literaria: es un poeta que busca adentrarse en sensaciones del alma, del inconsciente, trata de expresar lo que siente desde la lente de la poesía, en algunos momentos solo y otros en compañía. Disfruta de crear y escribir desde la empatía emocional. Es una persona con sensibilidad, asombro por el prójimo, humana, que trata de entender la vida a través del alma, develando en poemas cada parte de sí y de los que conviven o han convivido con él; le gusta enseñar, amar, jugar, expresarse, decir la verdad aunque suene hiriente.

Ha esperado la realización de esta obra como la oportunidad de poder compartir con cada uno de los lectores su grande amor y pasión que, reitero, es la poesía. *Desde mi universo*, como se titula esta obra, promete darle a usted un viaje por la vida, la sombra, el desamor, la esperanza, la fe, el amor, las pasiones, el llanto y la soledad. Espero sea de su agrado

Dr. Abelardo Hernández Jiménez

Aún

Cuando me duela levantarme, sin rodillas, sin cuerpo,
/saldré del abismo,
buscaré universos donde encontrarme,
/donde pueda quedarme;
navegaré por estrellas, a través de mares;
/me perderé en constelaciones,
dejaré sueltas las emociones, podré llegar
/a distintos destinos y planetas;
caminaré siempre de tu lado, aunque no estés conmigo;
/lloraré agujeros negros
que alivien, que sanen el vacío, la nada,
/construyendo mi alma en el infinito.

Cansancio

A veces cansados, lastimados por la vida nos enderezamos, aprendemos a salir de la ausencia, corremos apresurados antes de que se cansen de nuevo las rodillas, antes de que caiga la noche sobre nuestro rostro, impidiendo observar el amanecer de nuestra mente.

Sin ti

En el espacio en el que habito, tu presencia confundida
se torna el día oscuro, triste, una sonrisa fría sin sentido
escondes bajo la piel, sentimientos lejanos e infinitos,
una luz tenue que apenas ilumina por donde caminas.

¿Puedo verte algún día, lejos de mis sueños?
Quisiera observarte un momento sin el reloj de arena,
darte la mano y no soltarte, aunque no sea eterno el vivir;
llevarme un recuerdo, en mi mente, en la trascendencia.

Cuántas vanidades vivimos, pero jamás disfrutamos.
Puedo describir perfectamente nuestro primer beso,
pero desaparece con cada luna que recorre el planeta,
dejándome vacío, sin tu amor, sin tu existencia.

Reencuentro

Cerca, donde me abraza el tiempo, acaricias mi alma,
puedo quemarme en el interior de este volcán ardiente.
Mis fuerzas se alejan, se quedan dormidas las palabras
sin poder, sin sentir, sin salir de mi cuerpo, vagando en mí.

La noche pesa cuando no existe la luz, se siente agónica.
Despierto en la nada de un todo: en el comienzo de lo etéreo
crece la indiferencia de los años, lo oscuro de la felicidad;
mancho mi alma con tintas de soledad, con gotas de tristeza.

Vivo entre los límites de la tierra que he creado, la cual caminé.
Me perdí estando en tus brazos, evocando besos, tu cuerpo;
haciendo historia, un gran cuento donde luché con titanes
sometiendo a los vientos. Sólo recuerdo, anhelo un reencuentro.

Inicio

Dónde puedo empezar, no puedo ni siquiera mirarte.
Hay una profundidad en tus ojos que me envuelve.
Me gustaría sentir tu piel, tengo miedo de molestar,
no sé qué tanto miedo tenga de besarte.

Podré enamorarme de ti algún día sin que sea en vano,
dime, ¿qué esperas de mí?, para poder ser lo que desees.
Pero no me transformes sin estar lejos de mi esencia,
no respondería si cruzo el umbral o pierdo la inocencia.

Platónico

Reflexiono si por ti son más largos mis días.
¿Puedo escribir la palabra amor con tu nombre?
Me pregunto si me ves desde el mismo cristal,
este cristal desde donde te observan mis sentimientos.

No te he dicho que me gustas, pero siéntelo.
Tus ojos sonríen al verme, celebran encuentro,
se transforman en risa y color, en deleite.
Te pienso, aunque tú no me conozcas nunca.

Vida o muerte

Vivo, muerto en el interior, parece un infierno.
La inocencia se convirtió en pecado por placer de vivir:
no existe congruencia. ¿Disfrutar es bueno o pecado?,
tenemos alma o sólo sentimientos, ¿estoy muerto o vivo?

Quizá sólo sueño, recuerdo que desperté al entenderme.
Veo en mi interior quien realmente era, solo en el silencio
me veo en la música, la cual me acompaña cuando canto
la melodía llamada soledad, cercena el corazón y al alma.

Desacuerdo

Prometo no buscarte más en los sueños,
en cada una de mis emociones, en mis recuerdos;
buscarte en las frases y palabras que nos gustaban,
en novelas literarias donde estuvimos de acuerdo;

en el yin y yang de nuestra vida plagada de conflictos
sobre el desacuerdo de noches frías: el amor o la guerra,
la pasión, el descanso del que disfrutamos en la cama,
lo que nos convertía en aire, fuego, todos los días.

En momentos reíamos, algunos llorábamos.
Aun en contradicciones, fuimos distintos, especiales,
diferentes conociéndonos en amarnos, dedicándonos.
Me pongo en desacuerdo mental porque no quiero olvidarte.

Tus colores
(1ra parte)

Coloreas a tu modo, principalmente la alegría
es de un color especial cuando estás conmigo,
una mezcla más allá de los rayos del sol
se combina el azul refrescante de tu energía.

En el amor hay matices, prefiero la paz que me das,
mantiene la calma en mí al volverse negro mi color
sin que la luz pase por mi cuerpo. Me seco en mate,
suspiro en rojo, esperando en gris por ti una vez más.

Disfruto

De tu sabor amargo disfruto la pobreza del amor,
la indiferencia por verme feliz sin ningún sentido.
Me parece perfecto que no te preocupes por oírme.
El silencio no escucha, pero sí se siente tan alto;

el vacío no se ve, se lleva el alma, el cuerpo, la sonrisa,
nos quedan sólo nimiedades: un evento, una relación,
un árbol sin fruto alguno, verde y seco hasta la raíz.
La pasión disfrutada, incomprendida, hecha cenizas.

Son

Sin ton ni son en el letargo del tiempo
el espacio confundido, olvidado, oculto.
Las páginas escritas tácitamente de esta vida
resaltando palabras en las sombras por soledad,

manifestando mis razones sin ritmo,
acariciando cada lágrima en un círculo de sol
en cada nota, por cada alerta que digo.
Viviendo en consumarse preferentemente
/antes de que muera…

Construcción

Indiferente, distante, ausente con tu forma de ser
sientes y piensas cómo cambiar mundos dispersos.
Encontraré lo paralelo en mi figura, en la geometría,
el significante en todo lo que diga, vea y haga.

Construiré desde la nada un todo, un universo;
seré la esencia que ilumine cada uno de tus días,
un escalón para que llegues al cielo. En las nubes,
tu gran morada en mi pecho donde descansas.

Tendré para ti un abrigo entre mis brazos,
la construcción perfecta entre energía y materia,
una explosión donde surjan nuevos universos:
el corazón, aunque indiferente, seguirá amándote.

Nicte Ha

Sigues aún aquí en cada sueño donde puedo verte,
es tan doloroso tenerte unas horas hasta despertar,
y así como te fuiste una vez sin expresar palabras,
me dejas con el alma rota, con las alas cortas.

No puedo comer sin extrañarte, sin recordarte.
En cada uno de mis sentidos sigues presente.
Anhelo reír por días, por noches, por eternidades,
tu imagen sigue clara, dibujando las sombras tu rostro.

Mis sentimientos encadenados claman por tus besos
como si supieran que algún día serán liberados.
Creo que es un dominio eterno, sofocado en el silencio,
¿ocurre algo si te llamo de nuevo por tu nombre?

Esclavizado en el tiempo, en un momento etéreo
donde todo parece seguir igual, en un agujero negro,
la espiral de mi cuerpo se sumerge sin alivio, sin deseo.
Aunque no me lo permitas, mencionaré tu nombre.

Quizás lo cuente en secreto para no afectar mi ego:
blanca siempre fuiste como las luces en invierno,
en flores te distinguiste cuando las primaveras nacían,
y por siempre te quedaste dejándome el alma vacía.

Luz

Luz que se encuentra distante,
que no se ve pero se nota;
un momento que se aprecia,
que pronto se apaga.

Una explosión ocurre en mi:
es un nuevo comienzo,
un nuevo universo latente.
¿Me podrán apreciar tus ojos?
Puedo brillar más, radiante.

Inconsciente

Me levanté pensando que no soy nada,
vivo entre lo que no se ve y no se toca,
en un fragmento, en un borde de este mundo,
existo en la imaginación de quien me siente.

Guardo mis manos, los ojos y mis labios sólo para ti.
No construyo ni comparto ideas, sólo emociones.
Salto de vez en cuando, sobre todo cuando estás dormido,
Despierto muy a menudo, observo que vivo, vivo por ti.

Lluvia

A lo lejos con cada gota que cae sobre el suelo
existe un recuerdo de tus lágrimas, del agua rodeándote
seducida por la línea de tu cuerpo se evaporan los momentos
Me queda la sensación a este olor de raíces, de origen
cuando quiero volver a vivir aún en los días grises

No te imaginas...

No te imaginas cuánto me faltas, cada noche
cuando apago la luz y en mi cama existe un espacio,
el espacio que llena tu sombra sin tu presencia,
dejando rodar mis lágrimas en tu almohada.

No te imaginas cuánto me faltas en las mañanas
al sentarme en el desayuno; el café se enfría en silencio,
no he comido esperanza, pues no se si regreses.
Sigo imaginando un momento que sólo sueño despierto.

No te imaginas cuánto me faltas en la vida,
quisiera ir a buscarte, disfrutar de un baño de alegría,
darle fuerzas a mis piernas, a mi cuerpo, a mi mente.
Desde que te fuiste todo murió, se perdió en un túnel sin salida.

Vacío

Frío como el acero, templado en los mejores hornos
/del dolor,
con los mejores materiales del sufrimiento;
/buscando resistencia
en esa forja que la vida nos da a golpes; resuena la forma
/en el mazo,
se moldea un corazón sin apariencias, sin enfoques,
/sin sentidos.

¿Qué armadura puedo vestir ante el amor y las razones?
Acaso no hace más daño la palabra que genera vacío,
sin emociones, sin movimiento, estático en un principio.
Sólo observo pasar los días, pero no tienen ningún color.

Soy acero formado con mucho ímpetu ante la adversidad,
no tengo nada de alma que pueda mantener
/la durabilidad.
Sigo pensando, si soy un espíritu de metal, ¿por qué existo
si soy un material vacío?, ¿cómo percibo? Aún me falta algo.

Dentro de mí sólo existe una historia de construcción,
/de forja.
Fui de la naturaleza, mineral. Regresaré a ser
/de ella cuando perezca,
cuando por fin encuentre el motivo de estar vacío,
/el propósito de vivir.
Mantendré el fin: seguiré siendo un alma en busca
/de un guerrero.

Enojo

No soy lo que pienso, me destruyo imaginándome,
vivo de frustraciones, de momentos pésimos,
me quiebro con el aire, con la lluvia, la oscuridad.
El amor es un riesgo que nunca quiero afrontar.

Quemo cada sentimiento bueno para no brillar,
muevo cada emoción en mí hacia lo negativo.
Me gustaría cesar, parar de respirar para no sentirme.
¿Quién puede negarse a ser uno mismo en la verdad?

Mis manos oprimen cada momento feliz, apagándolo.
En mis ojos ya no existen las lágrimas, no existe nada,
soy un enojo que vive desde el alma, momento fugaz.
La realidad de un inconsciente que busca su morada.

Necesidad

Necesito de tu piel, del calor de tu cuerpo,
/estoy frío, muerto.
Cada que te acercas, con la caricia despiertas
/mi ritmo cardiaco;
con tu mirada se enciende la pasión. Tal vez en un beso
/o un abrazo
se queme la ansiedad de tenerte o enamorarme
/de ti para siempre.

Adicción

No puedo dormir por pensarte, por dejarte entrar en mi vida.
Mis ojos deben descansar, pero te imaginan,
/internamente te buscan,
ignoran a la razón, dominándola. Cuando siento
/tus besos me pierdo,
viajo a un espacio donde sólo cabe tu corazón y el mío.

Qué adictivo es estar a tu lado, te extraño en segundos,
mis manos te necesitan, mis labios tus besos, mi piel un abrazo.
Necesito escucharte; hazme descansar, congela un momento,
un momento eterno donde nos amemos, solos,
/en el presente y nada más.

Sola en silencio

Después de todo, de nada, de lo que pienso y sientes
en lo perfecto, en tu mirada, no existo hasta decir palabras.
Me encuentro en la reestructuración de mi ser por ti,
inspirado por tu amor, por ese momento donde existo y existes.

En el instante donde sólo el amor, el calor de tu cuerpo,
devuelve por medio de recuerdos mi vida, mostrándola,
entregando en reminiscencia dulces y amargos sueños,
la memoria de una vida fragmentada sola en silencio.

Dolor

Me dueles en lo ausente, en la distancia de tu cuerpo
/con el mío,
más allá del alma. Me dueles cuando sacrifico el silencio
/sin palabras.
Me quedo en el interior, en mi inconsciente,
/pero regreso a buscarte.
Siento que no existo ni existen esas letras sin razón de tenerte
justo aquí en los pensamientos, en la quimera inmaterial.

Despedida

Existen días grises, soleados, sin pensamientos
El alma no se encuentra, no está en mi cuerpo,
salió un día de primavera y nunca regresó,
nunca dijo adiós, la esperé todos los años
Solo encontré una post data en mi buzón:

P. D. Jamás serás feliz sin mí.

Instantes

Por instantes me quedo muerto, queriendo no abrir
/los ojos jamás.
Como en un sueño, sin motivos, al final me reclamas,
/no me dejas libre.
Prefiero no decirte ni una sola palabra.
/Me sigues a todas partes,
no me dejas ser, me apagas para que regrese a mis yermos
vacío, solo. No existe nada después de estar vivo.

Migajas

Cuántas horas, en qué tiempo, espacio,
/con cuántos abrazos y besos
¿Quizá debo quedarme en los huesos? ¿Dejar de ser yo?
Te di mi alma, mis pensamientos, di todo de mí,
/dejé mi ser en ti
y al final para ti sólo son migajas de un amor
/que no te complace

Adiós

En otro momento, en otra vida, en otro espacio,
en un universo distinto será lo nuestro, mi amor.
Sólo me resta decirte adiós, adiós y para siempre,
no para unas horas y unos años, para toda la eternidad.

Espera, no te vayas

Espera, no te vayas, deja que te explique: te necesito.
Desnuda tu alma un momento, que se entregue a la mía
para amarnos sin tiempo ni espacio. Entrégate sin miedo,
quédate aquí, te necesito para vivir y existir en el mundo.
Espera, no te vayas, déjame hacerte el amor otra vez
sin que nuestros cuerpos se toquen, sólo que se amen
apasionadamente, juntos, en silencio, con la mirada.

Sazón

Quiero que cocines para mí los momentos más hermosos
/y tiernos
Ponle la sazón del corazón, adereza con tus besos,
/añade caricias
Acompaña con una copa de vino sobre tu cuerpo,
/deja saborear
Disfrutaré desde la punta de tus pies hasta recorrer
/todo tu cuerpo

Amarte

Amarte es vivir, es un elogio que se transforma en caricias,
cualidades, vanidades, virtudes, defectos que descubro
/cada día.
Amarte es pasión, es arder internamente,
/desbordar el corazón;
es perder el juicio, la razón, mantener una esperanza viva.
Amarte es un poema sin condición, sin métrica;
/es la expresión,
lo máximo y autentico; es nacer, es el principio sin fin.
Amarte es comprender que existo porque te amo sólo a ti.

Insistencia

Claro que insisto porque quiero quedarme, perderme en ti.
Ser uno contigo hasta no reconocerme, llegar a tus raíces,
verte a través de tus ojos, contemplar la belleza de tu alma.
Insisto que puedo vivir a tu lado, dejando lo que creo,
si fui sólo creado para amarte eternamente a ti.

Muerte

Ella sonríe, coquetea conmigo, toca a la puerta de la vida,
quiere reclamar un cuerpo desierto, conocer mis pasos,
admirar la soledad en la que habito, en la que vivo.
Debe aprender a distinguir entre ilusiones y desafíos.
"¿Por qué me escogiste a mí?", le pregunté después de tanto.
Ella contestó, "Porque mi cuerpo carece de tu frío".

Sin sentido

Cuando duele el alma, duele todo.
La vida no existe en el silencio.
Palabras correctas no se presentan.
Los amantes no se desvelan.
No se desgarran en el deseo.
Todo es tan simple, sin sentido…
No hay motivos para estar vivos.

Colores
(2da parte)

Un día los colores de mi cuerpo se unirán en homogeneidad
después de pensar mucho en la sustracción de emociones
adicionarán nuevos recuerdos con luces y tonos pasteles
¿Cuál será el color resultante? Aún el misterio aguarda
Prefiero el blanco para poder contemplar la avenencia interior

Vuelo

El vuelo fue intenso. En la tormenta las alas se llenaron
/de fuerzas
eximiéndome de todo. Gracias a sólo una palabra
/que abrió la jaula
llegue a los cielos, abrazado junto a ti, cansado por el viaje.
Al descender te miré pidiéndote mi libertad.

Mi primer beso

Recordaré tu primer beso, tus ojos me mostraron
/un sendero distinto,
despejando las espinas de mi alma. Recordaré tus labios
/cada amanecer,
ese abrazo tierno derritió las barreras de mi ser;
/te llevo en el cuerpo.
Estas aquí después de ese momento donde sólo existimos
/tú y yo.

Impulso

Se feliz, que tus alas te eleven a lo más alto
No puedo detenerte, disfruta de la vida
Recuerda que junto a mi te construiste,
armaste tu cuerpo para volar y ser libre,
te preparaste para afrontar el exterior,
te impulsaste sobre mis sentimientos,
me demostraste el verdadero valor de la libertad

Soledad

Bienvenida de nuevo, te extrañaba. Me hacía falta recordarte,
estabas bloqueada por los sentimientos,
/¡qué dulces son tus besos!
Cuando me acaricias el alma, tu presencia se vuelve
/tan grande,
cubres de oscuridad la luz de mi vida sin que pueda apartarte.
Eres tan necesaria para mí… si te dejo de sentir
/no tengo éxito,
te necesito en la búsqueda de mi felicidad.

Soy de ti

Soy de ti, para ti, un hermoso cristal que gira en mil colores.
No sé cómo desaparecí si contigo existo, me encuentro
/en tus besos,
estoy en tus abrazos, atrapado, lejos de lo que puedo imaginar,
pero, sobre todo, nunca te he dejado de amar.

Partida

En silencio se mantuvo la noche, tus pasos fueron tan pesados
El tiempo de tu partida se llevó de un día a diecisiete años,
/sin retorno
Nunca imaginé que en los rincones de la casa existían
/tus sonidos
inocentes, de un amor que se quemó, se esfumo como la nada
cuando algún día lo fuiste todo en virtud de mis sentidos

Llanto

La noche te acompañó en el llanto, se puso fría
/como tus sentimientos,
faltaba calor a tu cuerpo, ese calor que encendía
/con sólo besarnos.
Necesitabas las caricias, la pasión entramada
/en el deseo reprimido.
Sin importar la lluvia decidí quemarme en el silencio.

Deriva

Te pienso, necesito, me encuentro como un barco a la deriva,
sin timón, sin rumbo, dirección o brújula para mi destino,
esperando que saltes conmigo, arriesgándote a mi lado
cuando los cañones de mi amor retumben en tu alma.

Fragmentos vacíos

Somos un instante, una estrella fugaz
/en las manos equivocadas,
en aquellos que dicen amarnos, dejan irnos escapándonos,
demostrándonos no amarnos nos perdemos en el deseo,
viviendo de fragmentos de momentos que crean más vacíos

Sentimientos

Con el dolor sobre los pies, mis rodillas y piernas, sigo firme aun en la tormenta, en las olas del mar de sentimientos. Cuando me azote el recuerdo me mantendré en la calma, no quedando nada de todo lo que di por ti, seguiré buscando ese amor que desprende al ser que habita en mí.

Enamorado

Sin ti mi alma no descansa, sueña con encontrarte
/más allá del infinito
en una vida incierta donde se pierde la consciencia
/de un hombre enamorado,
ilusionado por la sombra, por la oscuridad de un mañana,
/sin poder despertar.

Instantes

Me duele quedarme vacío, sin la presencia
/de lo que llena mi alma
A cucharadas puedo acabarme el deseo,
/la sed de tenerte en instantes
Me gusta saborearte de principio a fin,
/aún por tiempos frágiles

Lilis

Me encanta verte, mueves cada uno de mis sentidos,
/los haces prestar atención
De tu belleza obtengo la motivación necesaria
/para seguir observándote
Es la figura, tu hechura, el aroma, la seducción
/que transforma mis pensamientos,
lo que hace del deseo un ideal para seguir prendido
/a ti cada que te tengo
Desde el tallo hasta el capullo se encuentra mi perdición,
/el veneno de mi cuerpo

Motivo

Estás, al despertar, en el aroma del café por las mañanas,
en el caminar, en todo lo que observo, toco, respiro.
Cómo no recordarte si vives en la memoria de mis labios.
Existe el deseo de comerme tu corazón, acariciarte el alma.

Te esperaré

Te esperaré aunque se queme el alma con el tiempo,
la vida se seque sin tu aliento en este u otro universo
Te esperaré para demostrarte lo grande y maravilloso,
lo que siente mi corazón cuando a tus besos mi amor
/se hace eterno

Corazón de fuego

Mi corazón arde por ti, por no alcanzarte, estás a años luz,
cerca de un sistema solar distinto, con una diferencia grande.
En este vasto espacio, con tanta distancia entre nosotros,
sólo mis ojos descansan al verte desde mis fronteras.
Mi alma encendida quiere consumirme por no tener tu amor.

Ventanas

No puedo alcanzarte, tocar el único inicio de amor por ti,
despertar la luz que apaga mis sombras, la luz en ti.
Vivo queriendo que seas parte de mí, sin éxito,
mientras te observo desde las ventanas del alma.

Te necesito

Un momento que se va se pierde en el espacio, en el tiempo
Un grito en silencio anuncia un *te necesito* ideal y romántico
Un llanto en sonrisas oculta cuánto te amo, a carcajadas
Una mirada que quizá sea la última en este día que transcurre
Estas horas amargas por no tenerte, sentimientos ajenos

Loco

Pueden llamarme loco cuando te siento cerca,
en ese momento aprovecho para acariciar tu piel,
para darte besos en la nada. Llámenme loco por tu amor,
estoy enamorado de ti, llevo días sin dormir,
pero no respiro, no existo, si tú no estás aquí.

Admiración

Te admiro tanto que no puedo hablarte
Mis palabras se cortan, no salen al verte
Las emociones se quedan dentro de mi ser,
desbordadas por tu belleza, por tu encanto
Necesito decirte lo que siento, lo que pienso,
pero se me hace un nudo cuando cerca te tengo,
como si el silencio fuera parte de este encuentro

Pensar en ti

¿Qué decirte de las líneas de tu cintura? Son torbellinos
/en mi tierra.
Explicar tus besos es descubrir un libro de secretos
/en tus labios;
admirar cada curva de tu cuerpo desnudo es un oasis
/en mi desierto.
No olvido las estrellas que alumbran de día tu rostro exaltado,
brillan más que los diamantes cuando estás conmigo.

Cuando recuerdo las hojas de tus ramas abrazándome,
/enredándose,
puedo oler la vida en cada capullo que brota después del sexo.
Sentirte plena, extasiada, dedicada a ese momento
/donde sueño despierto.
No cocines en la casa ni levantes la ropa sucia,
/no quiero que te manches,
no quiero dejar que las princesas sean cenicientas
/porque no hay tal cuento.

Pensar en ti es volver a vivir, descubrir nuevos horizontes,
/enfrentar nuevos retos,
salir de esta soledad que me agobia. Cuando estás aquí
/puedo disfrutar de mí;
todo lo haces tú: la sencillez de tu amor, la magia del calor
/en el corazón
en lo que ríes, en lo que tocas, en los sueños, en cada sábana,
/por toda la ropa.
Yaces aquí dentro de mí, pensar en ti es mágico cuando
/quiero sentir por ti.

En el país
de las maravillas

Si por mí fuera dejaría en el café un rico aroma
/a tabaco y cenizas,
dejaría que el sol llenara de energía las plantas
/de mis pies, mi frente;
volaría con el viento a través del tiempo,
/llegaría donde no existe el dolor.
A cada día le pondría un nombre de mujer
/para disfrutar lo más hermoso,
celaría a la luna para que no alumbrara
/más allá de mi alcoba en la oscuridad.

Cantaría miles de sentimientos ocultos al mundo
/para que se vuelva melancólico;
me quedaría en el cielo a inundar las ciudades
/con lágrimas que caen de mis ojos;

saltaría al vacío del tiempo a detener los segundos,
/a correr con los minutos, esperar,
esperar con las horas el largo invierno que se mantiene
/en mi espacio temporal.
Enfrentaría a los planetas y su gravedad.
/Dejar los agujeros negros, nacer estrellas.

Si por mí fuera, hoy no estaría contando esto,
/estaría durmiendo en tus brazos
dejando acaricies mi alma, peines mi amor,
/verte allá en aquel rincón del mundo.
Que nadie nos juzgue en ese lugar donde lo imposible
/no existe, lo real se imagina,
todo es de colores, puentes mágicos llevan de un lugar
/a otro donde tú eres Alicia
y yo simplemente un sombrerero loco.

Inés

Te admiro, viejita, tienes la sonrisa más grande que el cuerpo,
no cabe en ti el corazón, se sale a dar lo mejor sin pedir nada.
Traes en cada cabello rizos de amor y de ternura que se tocan;
no existen dos en el mundo pues naciste única de Bernardina.

Si te conociera Dios, te llevaría a los cielos de tan buena
/que eres,
pero aún te quiero conmigo, nos queda mucho por disfrutar,
nos quedan los nietos y los grandes enojos, mi algodón
/de azúcar,
queda aún la risa de las reuniones anuales donde damos sentir.

Eres majestuosa, estás a la moda de los grandes momentos.
Cuando la piel se te arrugue quiero planchártela con amor,
darte miles de motivos para estar feliz, que vivas más aún,
que seas trascendental en la vida de quienes te conocen.

Te admiro, mi viejita, naciste siendo una excelente mujer,
dedicada e inteligente, fugaz, eterna en nuestros corazones.
Aquí quedarás grabada para inmemorables recuerdos,
para las grandes historias cuando ya no estés a mi lado.

Búsqueda

Lejos aún distante de mí te sentía cerca, te extrañaba
/desde el recinto,
mi sombra estaba enamorada de la luz que emanaba
/de tu cuerpo.
Dormido entre las sábanas estaba el cariño oculto,
/aguardaba por ti
en aquellas velas que se quemaban lentamente
/bajo el frío invierno.
Estaban entrelazados los recuerdos de tu piel y mi piel
/bajo la chimenea:

Sonaba el viento, tocaba una melodía dedicada
/a la maravillosa noche,
la luna era espectadora de la pasión entre el fuego,
/la leña, dos cuerpos;

se quemaba el éxtasis, olía a rosas perfumadas
/en la frágil madrugada.
Allí donde no podía observarnos el sol, tus labios besaron
/a los míos,
enamorado desperté de aquel sueño donde pretendí
/que eras mía.

Me refugié en el vacío para no sentir vergüenza
/de no poder amarte,
de ni siquiera poder tocarte. Eras nube,
/humo en el preludio del sueño.
Incesante, busqué en agonía en otros rostros comparar
/tu imagen, tu vida,
pero aún estabas distante; te sentía cerca,
/sin embargo no podía tenerte,
te encontrabas en otro espacio, en otro tiempo
/donde tenía que recuperarte.

Déjame

No puedo respirar, déjame de apretar un poco el corazón,
libera mis venas, que la sonrisa vuelva a surgir dentro de mí.
Alimenta mis ojos con cosas bellas y quítales el agua
/de la lluvia,
esa lluvia que inunda mi ser, que rebosa mi alma de tristeza.

Deja de atraparme cada vez los sentimientos en el aire,
déjalos que viajen a donde hay oportunidad de crecer,
/no los detengas.
Suelta mi vida, quiero morir en un lugar pacifico lleno
/de soledad.
No quiero ser recordado como aquel que vivía
/de la sombra y del delirio.

Quiero dormir eternamente, sólo despertar cuando haya
/mejor vida,
cuando ocupe el cuerpo de una estrella para mirar
/desde lo alto,
cuando estalle en supernova o me convierta
/en un agujero negro.
Voy a devorar el tiempo y el espacio: jamás tendremos vacíos.

Voy a secar mis lágrimas por la madrugada,
las dejaré en el papel.
Me bastará levantarme de nuevo y salir del pantano,
/mojado, quizá,
mas no manchado, sin lodo ni fango pegado
/a mi cuerpo. Despertaré,
pero aún sigo viajando en un universo infinito sin principio
/ni fin.

Frialdad

No volveré a tocarte ni un pétalo, ni siquiera una hoja
Cerraste lo que había en mis manos y en mi boca
No tendré calor más en mi cuerpo, seré el frío invierno
Jamás cometeré el error de rodar tus lágrimas, el desprecio

Mi cuerpo se ha quemado en el dolor, se ha quedado mudo
No habrá éxtasis en tu muro, no escalare más, no te pasaré
Seré una burbuja que explote en el aire, el sentimiento crudo
Se vencerá la pasión en mi pecho, quedaré desnudo, sin piel

No me llenaré de ti, vagarán mis besos y mis caricias
Duele que desprecien, pero duele buscar y no recibir
Hoy morirá el deseo que tenía al verte, morirán las ganas
Se quedarán encerradas para jamás volver a vivir

Inmortal

Quién le dijo a la felicidad que tiene que reír
/en las mañanas cuando no encuentra destino.
Le dieron permiso a la tristeza de meterse en este cuerpo
/donde se afectaba el corazón.
Si pudiera mantener cada momento en mis ojos que hiciera
/sentirme alegre en la vida,
me gustaría ser invisible para todos, no mostrar el alma
/a los infames ni envidiosos.

No pretendo vivir cuando la noche sigue mis pasos,
/cada momento oscurece más.
En mi rostro no existen los sentimientos, las mejillas
/están muertas a la comedia.
Se seca el árbol interno que creció con el amor, las hojas
/cayeron poco a poco;
el otoño en esta historia marcó el paso del invierno
/y el frío eterno en este mundo.

Mi voz no puede mencionar tu nombre, hay un nudo
/entre mi cerebro, entre el corazón.
No pasan los bellos momentos más allá de los malos recuerdos,
/sólo estoy en la amargura.
Vivo muerto, vivo sin conexión en el espíritu,
/sólo espero a que me lleguen los huesos,
espero a que la tierra caiga sobre mi cuerpo,
/que se acabe mi historia para un nuevo comienzo.

Después de mil años, cuando el tiempo desee tener
/un segundo más de la vida no-perfecta,
quizá despierte imaginando el paraíso lleno de flores,
/de arcoíris y nubes mágicas;
encontraré la paz en el horizonte, buscaré a mis seres queridos,
viajaré con ellos a la /montaña;
observaré, trataré de encontrarte, no dejaré que te vayas,
/te amaré siendo inmortal.

Escóndete

Ven, escóndete bajo mi piel, no dejes que te vea el tiempo.
Acompáñame sin que puedas ser notada, quédate a mi lado.
Las horas y los días pueden pasar a tu lado.
/En secreto nos veremos.
No quiero perderte, quisiera mantener mi sonrisa por tenerte.

Sigo pensando qué injusto es el amor cuando por fin
/te encontré.
Quiero conservarte, eternamente amarte en lo imposible,
/en lo real.
Puedes vivir conmigo todo el tiempo que quieras,
/estar bajo el alma,
llenarme de alegrías y besos los sentimientos,
/acariciar mis sueños.

Ven, escóndete para siempre conmigo, no dejes
/que nos encuentren.
Espero conservarte después de la muerte,
/cuando ya no te piensen,
disfrutar cada segundo la mirada dulce, la sonrisa tierna
/de tus ojos.
Te necesito, sólo déjame amarte sin restricciones
/en cada estación.

Quiero preguntarte si estas dispuesta a quedarte,
/sólo responde.
Dentro de tu ser está la respuesta verdadera
/de un amor consciente.
La luz que hay en ti me ilumina cuando en la sombra
/me encuentro,
ven, escóndete, quédate en mi vida, sólo decide
/si soy tu universo.

Cáliz

Eres el momento en la perpetuidad del tiempo,
lo bello mágico que mantiene a mis huesos;
la serenidad de mis demonios que guardo por ti.
El vino que se consagra en tu vientre es delirio.

Cuando bebo de ti disfruto la pasión y deseo,
saboreo los instantes, los retrato en mi piel.
Respiro del aroma magnífico que obtengo de tu ser.
Por cada encuentro renace en mi la ilusión, la gloria.

Te tengo, te cuido, eres el mayor sentido de vivir.
Al abrazarte viajo a través de ti, enamorado, feliz.
Existo en tus palabras, en un te quiero, en un gesto.
Observo cómo brillas por mí, es tan atractivo verte.

Llenaré tu interior con mi sangre convertida en vino,
quiero ocupar, satisfacer, rebosar todo lo que existe en ti.
Eres cáliz del cuál beberé, por el cual moriré en el tiempo,
soportando el dolor que me deja tu amor en un solo beso.

Te amaré

Te amaré por siempre, consagrada a Dios,
aunque ya no me recuerdes más un día
tendrás mi corazón todas las noches,
mi amor será tu eterna compañía.

Te amaré en la soledad, feliz en juramento,
dichoso por haberte encontrado en conexión,
por devolverme el sentido, la dirección de la vida.
Serás el desayuno del alma, la promesa de alegría.

Te amaré sin importar el qué dirán, con lealtad.
Me convertiré en un monumento al amor real,
mantendré la ilusión de encontrarte, por siempre.
Te buscaré en otras vidas con devoción, con cariño.

Te amaré recordando tu sonrisa con simpatía,
pensando en qué injusta es la vida si me amas,
tratando de entender a este universo torcido.
Si te tengo, nos tenemos sin poder amarnos.

Te amaré hasta mi final, mujer que ama,
seguiré recordándote en nuestra eternidad.
Junto a la muerte no habrá paz, sólo acuerdos:
el momento ideal de tenerte en mi vida una vez más.

Me quedo

me quedo en tu mirada, en tu día,
más allá del deseo y de tu piel,
me quedo contigo en el alma

Sonrisa

Tu sonrisa pesaba más que la mirada
En ti estaba escrita la esencia del amor
Acariciabas almas con sólo disfrutarlas

Lejanía

Muy lejos, donde el silencio se esconde,
habita lo oscuro de mi vida, en silencio.
Un secreto conoce mi alma, divida, acabada.
Estos ojos han sufrido un mar de emociones.
El sol eclipsado en mí se apaga lentamente.
Lejos del entendimiento, algún día floreceré.
Tendré un nuevo comienzo en el horizonte.

Cuestión de tiempo

es cuestión de tiempo que tengamos alas cuando seamos
/libres e independientes
imaginar, soñar despiertos sentados en las nubes leyendo
/los secretos en segundos
navegar por los mares llenos de angustias,
/sonreírle al atardecer cuando se vaya
es cuestión de tiempo dominar el dragón que yace en el pecho,
arrancar su corazón

es cuestión de tiempo que sobrevivan los huesos
/al no poder doblarse ante la tristeza
que nazca de tus labios la frase perfecta de amarte a ti mismo,
/dejar en silencio todo
observar a través de tus ojos las estrellas,
/delimitar las constelaciones en ilusiones
es cuestión de tiempo imaginar un mundo donde vivan
/nuestras almas felizmente

es cuestión de tiempo que nuestro pensamiento viaje
/más allá de donde queremos
no haya límites en lo que deseamos y tenemos;
/que despierte la voz de los muertos
sobre los suspiros del viento, el polen llegue a las flores
/de nuestro recuerdo eterno
es cuestión de tiempo que se detenga el mundo para amarte,
/lejos del secreto

Imaginación

Desnudaste cada segundo de mi tiempo,
nos enlazamos en una corriente de aire y fuego.
La piel se nos caía con la pasión de nuestras manos,
los besos eran tan dulces, se mojaron en almíbar.

Encontré en el éxtasis de tus palabras una luz,
te escuché desde el corazón, aprendí de ti.
La razón no estuvo presente ni un solo día,
celosa, se queja en las habitaciones de la mente.

En la imaginación no existe momento más sublime,
sin comparaciones, sin limitaciones, perfecto.
Hacerte el amor es un atardecer mágico en mi vida.
Suelo pensarte por las madrugadas, amada mía.

Periquito

Puedes hablarme al oído por las noches, periquito,
decirme cuántas cosas has aprendido de nuevo.
Voy a mimarte en mis brazos y dedicarte tiempo,
prometo no irme por las mañanas, leer un cuento.

No cortaré tus alas, periquito, quiero verte volar,
crecer junto a ti. Cuando las canas me alcancen
entenderte, buscarte un buen hogar, por siempre,
donde sientas el aire libre, la libertad en tu frente.

Alimentaré tus sentimientos para llenar tu alma,
comprenderé la virtud de escucharte sonriendo,
atenderé la inocencia desde el cielo. Un día,
cuando no pueda volar más junto a ti, por vida

puedes hablarme al oído, periquito. Cuando no exista
viviré eternamente en tus raíces, cobijando el alma.
Dime si después de mi muerte seguirás pensándome,
¿me perdonarás por no estar presente en tus lágrimas y risas?

San Valentín

Escribiré para ti aunque mueras lentamente
/en mis sentimientos,
guardaré la ilusión de poder verte y tenerte en otra vida,
buscaré en la esperanza el calor de unos brazos parecidos
/a los tuyos.
Que viva el amor, que viva la amistad, que muera la razón
/por no comprender,
por darme la controversia en este mundo de no poder
/amarte libremente.

Para enamorados

Soy de ti y para ti
un abrigo de tu alma;
tú la calma de mis deseos.
Soy para ti el aire, el agua;

tú eres el fuego, la tierra.
Juntos hacemos el amor,
el quinto elemento en el espacio,
enamorados de quiénes somos.

Nos bastamos en este mundo
para enamorados.

Te siento ausente

Te siento siempre en mí, pero estás ausente
Puedo tocarte en lo efímero, en lo etéreo
Escucho las vibraciones de tu alma, cerca
Pero sufro sinceramente por no alcanzarte

Necesito de tus besos del atardecer en brazos
Dame la primavera para transformar mi otoño
Quédate a mi lado aunque sea un amor platónico
Prefiero sentirte al vacío existente en mi interior

Solo déjame amarte, no te fijes en la nada
No existimos para este mundo que nos juzga
Entrégate completa sin máscaras del corazón
No juzgues a la pasión, no me pongas condición

Te siento siempre en mí, pero estás ausente
Te preocupa dejar tu cuerpo, tu interior
Sin saber que te has ido sin ti sólo recuerdas
Pero te uniste cuando mencionaste un *te amo.*

Motivo

Somos y no somos, a veces estamos sin correr.
Vivimos de dolor, de prisas con llantos tristes,
nos ahogamos en lagunas de emociones vanas.
Internamente muere el ser con mucha calma.

Todo asfixia, exigimos un deseo en totalidad,
preferimos la búsqueda a entregar el cuerpo.
Confundidos, olvidados por la razón superficial
seguimos sufriendo, creando incongruencias.

¿A quién pertenece nuestro cuerpo al amar?
Si coqueteamos con la soledad y la alegría
nos sentimos parte de un todo sin nada.
Le debemos amor al cuerpo sin sentidos.

Fríos, conmovidos, sin entendernos nunca,
creemos encontrar lo que deseamos
pero somos agua, fuego, tierra y aire:
llegamos por la creación de un ser divino.

Sin comprenderme, sin intentar existir vivo
por ese motivo de encontrarte en algún lugar.
Vine a este mundo para poder estar a tu lado,
pero la vida me dejó en el lado equivocado.

Dulce y amargo

Un momento amargo y otro dulce que dejas en mis labios
Prefiero no enfocarme en ese sabor confuso de tus besos
Robas con cada trago placeres de mi interior, acabándome
No sé por qué desperté en la inspiración primero la amargura

Lentamente te fui consumiendo, me acabé tu cuerpo frío
Enredado por la bondad de tus pasiones grité a tu vientre
Me dejé llevar al infierno de tu cruda realidad sinsentido,
explorando con cada gota un amor prohibido sin razones

Al acabarte, preferí el suave abrazo de otro cuerpo
Cometí un acto de cobardía al abandonarte, vida mía
Pero otro cuello, otros labios me incitaron a cambiarte
Embriagándome de amor con sabor a uvas, olvidándote

No sé qué elegir, si tu cuerpo frío o el calor de un cuerpo
En tiempos de frío me falta el calor sin necesidad de ti
En épocas de calor necesito del frío corazón que habitas
Sin embargo hoy prefiero emborracharme con ambos amores

Fotografía

Puedo verte sin reclamos, sólo contemplado tu belleza
sin filtros, con la naturalidad de tu sonrisa, sin disfraces.
No hay por qué mejorar ni cambiar lo que eres. En paz
apreciar tu imagen es observar el cielo, llegar al paraíso.

Admiro una y otra vez tu silueta plasmada en el momento,
la singular sonrisa con olas y brisas marinas, cristalinas,
con luz y sombras en tu cuerpo que se notan por tus ojos;
el amor que emanas en los gestos maravillosos del rostro.

En el álbum de mi vida soy feliz, he guardado los recuerdos,
encerré los mejores momentos, capturé la eternidad en ti.
Cualquier día recurro a enamorarme de nuevo, entregándome,
saciando mis deseos en la fotografía que hay en mi alma
/por ti.

¿Qué es el todo en mí?

Es una palabra que se complementa con tu nombre
El amor puro, compañía, una construcción simbólica
Amarte sin dejar nada de mí, traspasar fronteras
Doblar los límites de la razón, tomando tu mano

Significa tu nombre, un poema más allá, un "te amo"
La prioridad de mis días, la confianza a ojos cerrados
La sed de tenerte, los días felices contemplándote
Todo, un inseparable de mis emociones desde mi raíz

Me cansé

Me cansé de esperarte escuchando tus latidos,
tomando en cuenta todo lo que ignorabas,
transformando tus recuerdos en principios,
ocultando mis razones, los prejuicios fríos.

Me cansé de los besos futuros, las sonrisas,
pensando cómo se veía el tiempo desnudo
perdonando a mi cuerpo por tu delirio,
alcanzando con mis manos grandes motivos.

Me cansé de ser yo quien te buscaba en frases,
consentí la obsesión de volver a verte algún día.
En cada escrito te creaba para sentir tu amor
más allá de este encierro, despertando alegría.

Me cansé, no sé si soy aprensivo por vencerme,
necesito perderte de nuevo con el sol en melancolía.
No quiero que sigas viviendo a cuestas, acabándome.
Saber de tu partida lejos del desamparo, en compañía.

Quién soy

Por momentos no sé quién soy
Recuerdo por qué vine a este mundo
cuando te veo a los ojos, al sentirte
Imagino vuelas muy alto conmigo

Quisiera irme lejos contigo a ese lugar
donde bailan nuestros cuerpos desnudos
No tener prejuicios, sin límites, sin piel
Pertenecer a la eternidad con tu amor ideal

Tal vez sólo sea un sueño para ambos,
una corazonada llena de mariposas y juegos
En ese instante ríe mi ser, consumiéndose
desde lo profundo del alma, fuera del infierno

Por momentos no sé quién soy, quién fui o voy a ser
Sólo me encuentro a tu lado sin miedo a perderme
Amo sin medidas, no hay reglas que demanden más
Apuesto mi vida creyendo quién soy por ti

Rebeldía

Oscuro en muchos sentimientos,
marchitado por el amor distante,
ajeno a mi vida, a la felicidad eterna,
sonriente, en lealtad con verte.

Escucho el sentir de las aves moviéndose.
Vuelan en silencio pregonando libertad.
Anhelo la luz, la chispa de tus besos,
iluminarme, brillar de emociones, deseo.

Recorro, lento, el laberinto de tu cuerpo,
el dulce sabor de tu piel en los labios
encerrados en el encuentro nos desgastamos
saliendo de ese abismo. Estoy junto a ti.

Disfruto ese momento. Llegando la calma
imagino el mundo perfecto a tu lado
sin distancias que opaquen la realidad.
Solos tú y yo como pájaros en rebeldía.

Maravilla

Es una maravilla tenerte de principio a fin,
enredarme en tus cabellos, ser tu prisionero,
dejar que tus brazos me atrapen, cautivándome,
sentir tus piernas cuando están rodeando mi ser.

Bailemos abrazados en este silencio perfecto.
Canciones románticas suenan en mutuo deseo.
Degustemos los instantes, deleitémonos.
Empecemos a existir en amor, pasión y fuego.

Nuestro límite es la tierra, lo real el despertar.
Cuando no te veo a mi lado, vivo un infierno,
no controlo nuestro cielo sin poder revocarme.
En ese lugar, a la misma hora, no quiero despertar.

Qué maravilla tenerte sin soltarte de la mano.
Encontrarnos felices, retratados en los sueños,
observando nuestro amor perfecto, eterno.
Si tan solo detuviéramos el tiempo…

Elección

Elijo conocerte de nuevo, enfrentar la vida,
construir los hilos de este cuerpo poco a poco,
entretejer el pasado para afrontar el presente,
mantenerme de pie aun en la oscuridad,

reírme en el dolor sobre el miedo a vivir,
acariciar la ausencia y la soledad sin prisa,
reflejarme en pensamientos ajenos sin existir,
ser un momento volátil en el tiempo, por ti.

Conocer tu cuerpo sobre las sábanas blancas,
aprender a leerte sobre tu envoltura y los labios,
refugiarme de las adversidades en tu pecho,
soltarte cuando lastimes mi alma entregada

Sin rumbo

No recuerdo dónde estuviste todo este tiempo,
imagino que sólo te fuiste de viaje sin un destino.
Regresaste tan cambiado que ni el cuerpo te reconoció,
adoptaste la forma de quien te hizo tanto daño.

Dentro de ti no existía más que un agujero negro,
un espacio cósmico que se percibe en otra dimensión.
Lejos, a unos pocos kilómetros de vida y de amor,
sólo existe tu indiferencia, la transformación en otro.

Intento descifrarte pero te lees complicadamente,
mantienes en tus ojos una mirada perdida, pálida.
Tienes en tu océano las más turbias emociones,
te complicas gritando su nombre en el dolor.

Despierta pronto, te encontrarás de nuevo;
deja que te lleven los años al destino perfecto.
No llores en silencio, renuévate desde adentro,
recuerda que te fuiste un día sin tener sufrimiento.

Entrega

Me ignoras aun sabiendo que te amo
Me dejas frío sin sentimientos bonitos
Espero tu llegada buscando tus palabras
Necesitado del oxígeno que dan tus besos

Callado busco de tus manos para tropezar
Rozo tu piel con mis dedos encontrándome
Sintiendo que vivo para ti apasionadamente
Intentando complacerte, entregando mi albor

Bondad

la dulzura de tus actos son manifestaciones divinas,
un preludio a la riqueza de quién eres y existe
el inicio de un amor sin precedentes, admirado,
la puerta hacia el paraíso entregado, crucificado,

el perdón por siempre de todos los que pecamos,
la gloria, la perfección de nuestra creación humana,
sentimientos de toda una vida más allá del cielo,
la promesa cumplida para quien no tiene esperanzas,

la bondad, el amor, la paz en la guerra de un ciervo,
la dirección de quien se ha perdido sin encontrarse,
la esperanza, la vida eterna para quien convalece,
la fe de quien ama sin pedir nada a cambio, mi ilusión

Pérdida

Sin tomarte en cuenta te alejé de mi vida para siempre,
te perdí aquella noche cuando dejaste de sonreírme.
Lejos de la cortedad, llorando amargas lunas, encerrado,
afronté despedazarme, evaporándome en olor a tabaco.

Suspiraba por afianzar tu mano, siendo fuerte.
Memorias ocultas en mi corazón se desvanecieron,
se congelaba el corazón, devorándome la ansiedad,
encarcelado en los rincones de la habitación triste.

Dejé que te marcharas para no encontrarme contigo,
despedí tu imagen, la fragancia de tu cuerpo, coexistí,
solté lo que me lastimaba, lo que amaba ferozmente.
Me fui pensando, *quizá en otra vida volveré a verte*.

Reflejo

Muy lejos, donde nadie me alcanzara, en un mundo distinto,
despegué mis pies de la tierra, encontrándome
/en ella a la distancia.
En mis manos llevaba semillas de paciencia para poder
/llegar a ti.
De regalo té envolví mis lágrimas para dártelas
/a beber personalmente.

Sobre mis hombros transportaba ilusiones y sueños
/que no cumplí;
este lastre de tristeza, soledad, se quedaba,
/sostenía mis pies.
Viajé hasta ese lugar, el paraíso no admitía penas, aflicciones,
la felicidad era el único obstáculo para poder entrar,
/vivir en él,

presente todo el amor que te tenia, lo mejor de los dos en uno.
Quería saber si estabas también allí, entregarte todo
/lo que un día fui,
recobrar la memoria, entenderme, conocerme,
/emocionarme por ti.
Ahí, muy lejos, existía un espejo, el reflejo de una sombra
/sin fin.

Honestidad

Siempre en pedazos, destruido internamente,
fragmentado en esta vida por nuestras decisiones.
Solitario, avanzo hacia la muerte que aguarda:
el final se encuentra cada vez más latente.

Realmente somos polvo que se llevará el viento,
aquel que regresará a la roca después de pulirse,
un mineral que vivió de esperanzas no encontradas,
de errores materializados en actos subjetivos.

Mujer

Todas son bellas, la mejor creación que dio el universo. Dios,
son majestuosas en cada una de sus formas, capullos de flores.
En su piel existe el pecado, el amor, la fragancia de las rosas.
Tienen en sus ojos la puerta al sentimiento puro, al encuentro.

Son impredecibles, incomparables, únicas en la galaxia
/de su savia;
crean vida, destruyen corazones, alimentan la poesía,
/la historia;
mejoran al hombre, al niño, a sus propios pares, siendo ellas.
Dan la certeza de un mundo distinto lleno de esperanza
/por existir.

No existiríamos sin ellas, son el pilar de un hogar, el núcleo,
el espacio en la habitación vacía,
/la fuerza del hombre enamorado;
la luz en la oscuridad de quien no tiene un regazo, una brújula.
Tienen la magnanimidad, son la razón y el sentir de mi poesía.

Guía

Eres mi luz en este océano nocturno,
la cual me guía aun en luna llena;
el faro que me dirige cuando me pierdo;
los latidos de mi corazón, aún enfermo;

la magia que dibuja mi sonrisa eterna;
quien desborda mis sentimientos felices;
el rostro generoso, mi gran amor…
El todo en mi existir eres tú.

Pertenencia

Muero por darte un pedazo de mi corazón,
que respires el mismo aire que respiro,
darte a conocer que existo por ti, para ti,
que toques todo lo que toco con el alma.

Admira lo que sienten mis manos sobre tu piel,
cómo reacciona mi cuerpo al tenerte cerca.
Quisiera que leyeras mi mente por siempre;
descubre que todos los días estás aquí, junto a mí.

Trascendencia

Te encontré cuando el sol irradiaba una luz distinta
En mi percepción veía todo de otra forma, de ensueño
Descubrí un mundo lleno de detalles, de felicidad
Albergué en mi pecho las imperfecciones maravillosas

No dejo de imaginarme todos los días a tu lado
Irme para siempre, estando junto a ti, cerrar mi historia
Sostener tu mano, aun cuando las arrugas nos alcancen
Trascender a la eternidad, en el tiempo y espacio, contigo

Búscame

Encuéntrame en tus labios, más allá de tu piel
Explora en cada sentimiento, sobre pensamientos
Si te digo que me faltas, no te preocupes por estar
Me faltarás en espacio, pero me completas con el alma

Deja en la memoria lo eterno de nuestro amor
Aprecia en el cielo nubes de caricias creadas por mí
Abrázame cuando por fin me tengas a tu lado
No me sueltes, no viviré dos veces en el universo

Eres

Eres el momento eterno en mi mente,
la mejor melodía que puedo escuchar,
mi amanecer en los días oscuros,
sonrisas en los días tristes y grises.

Eres la otra parte para que pueda caminar,
el brazo derecho de todas mis escrituras,
la inspiración constante, mi delirio amante,
el anhelo persistente de mis creaciones.

Infinito

Me encontré desierto, sin momentos, espacio o tiempo,
perdido entre las sombras. Al ver tus ojos me llené de luz,
logré encontrarme contigo a pesar de los enormes muros,
aquellos que mis sentimientos habían formado muy altos.

El calor de tu corazón sobrepasó lo imaginable, impredecible.
Desnudé mi alma sólo para que pudieras
/seducirme libremente.
Desencadené mis emociones, liberé la pasión en mi interior,
me enamoré sin miedo a vivir, infinitamente amándote.

Por mí

Te siento aquí al amanecer, cada día más grande,
aprovechando, resurgiendo en todo lo que haces.
Te siento aquí al atardecer, con cada suspiro,
cuando miro al cielo el viento susurra tu nombre.

Te siento aquí al anochecer, sobre mi almohada,
bajo mis sabanas, al contemplar la luna inmaculada;
en mis sueños, recorriendo vidas y misterios,
despertando con rayos de luz sobre las ventanas.

Te siento aquí en mi corazón, tocando fondo,
llena de paz, de amor, felicidad, generosidad.
Te siento siempre, junto a mí, sin existir en mi vida,
logro sentirte, vives esperando también por mí.

Tormenta

Todavía te siento al otro lado del mundo,
en la alcoba de mis sueños fríos, ausentes.
Me pareces lúcida y feliz aun en la distancia,
un infinito descifrado que no tiene ganancia.

Hay tormentas que se luchan internamente.
Aunque me sigas azotando no me rendiré,
seré la calma en el ojo de la verdad, resignado,
queriendo que no vuelvas a visitarme cada noche.

Dormiré con el deseo de no destrozarme,
de recuperar la cordura por no tenerte.
Sacrificaré la conciencia, los sentimientos,
por olvidarte para siempre, mi dulce amor,
veneno interior, la sonrisa de mi consuelo.

Instinto

Salvaje animal con calidez sombría,
de mirada triste, noble y generosa,
entregado por lealtad inherente,
comes de la mano de un mortal.

Velas los sueños de quien te cuida,
descansas por las mañanas, observas,
complaces, estremeces cuando ríes,
en silencio avanzas sollozando el día.

Esperas entregando tu interior,
escuchas en la calma transformada,
un céfiro fuerte mueve tu atención,
retrata tu figura en el firmamento.

Floresta

Camino solo, sin un cuerpo fijo
Me llaman los demonios internos
Les dirijo mi atención por momentos
No puedo negarme a ser quien soy

Confundido, olvidado en oscuridad,
solicito la entrega de mi ser, pasivamente
¿Dónde puedo recuperar mis fragmentos?
¿Cuándo se acabará la fuerza de mis huesos?

En las profundidades existo, sumergido,
encadenado a la soledad, al exilio,
Supero las realidades viendo el futuro
Me cristalizo en el invierno perdido

Sin raíces que me dejen en la tierra,
crezco tentando mi destino incierto
Fuerte pero débil desde la corteza,
esperando mostrar tonalidades de belleza

Remedios

Cúrame la vida, cúrame en un instante,
cúrame las ganas de verte, de tenerte
Déjame entrar por un momento en tu piel,
quiero acariciarte internamente

Cúrame la locura de poder amarte
Abrazar cada sentimiento que puedas tener
Ese pensamiento de las noches por soñarte
Cúrame por siempre, para descansar por fin

Café

Tómame en un buen café con sabor amargo y fresco
Deja que tu paladar me disfrute saboreándome lento
Conquístame lejos de la tibieza, no me dejes enfriar
Quiero despertarte los mejores y peores pensamientos

Endúlzame poco a poco pero disfrútame así, sin miel
No deseo que las abejas se acerquen a querer el néctar
Sólo pretendo ser tuyo para todas las temporadas
Permíteme ser la razón, tu suspirar, la energía mágica

Historia

No me olvides, no quiero ser un cuento abandonado,
la lección jamás aprendida, el poema visto con desprecio.
Recuérdame y continúa leyendo lo que tengo en hojas;
cada palabra está hecha para ti con todo mi amor.

En cada línea hay historias de amores profundos,
pero nunca leerás ninguna como el nuestro: afortunado.
No existen finales felices en las realidades objetivas,
sólo el encuentro de tu alma y mi alma enamorada.

Tus ojos

Hay un misterio en tus ojos que no pretendo descifrar,
aquellos ojos que engañan, que ven a través de un cristal
En la oscuridad son perversos, seguros de un buen destino
cautivan, atrapan, cazan con una gran avidez lo inmaterial

Hay un misterio en tus ojos que no pretendo descifrar,
una muerte cerca, pasiones entregadas, inseguridad,
un hechizo perfecto para obsesionar, para enamorar;
la mirada más divina de mi destino, de mi juicio final

Psique

Que me perdone la psicología, pero te amo con el corazón
/y la mente.
Lejos del apego, de las dependencias emocionales
/no comprendo.
Si estudia la *psique* por qué siento desde mi pecho,
/las mariposas,
¿cómo explico a mi cerebro que tengo un trastorno
/de ansiedad por verte?

Tengo depresión por no olvidarte, ayúdame a entender
/las emociones.
Freud, Horney, Jung, todos amaron sin ser juzgados
/o amenazados,
¿por qué me juzgan que estoy loco por ti? En realidad
/me haces estar cuerdo.
Dentro de mis necesidades básicas eres mi autorrealización,
/según Maslow.

Que me perdone la psicología por amarte desde
/mi sanatorio interno
donde coexisten tantas personalidades
/e identidades disociativas,
cada una procurando enamorarte cada día
/de distintas maneras.
Si el amor tiene estudios, cuando es sabio,
/es puramente filosofía.

Existencia

Donde estés, más allá, donde el sol se oculta,
en el último lugar y rincón sobre la tierra,
bajo tu almohada, dentro de tu corazón,
en cada momento, en cada suspiró del día.

Existo, respiro por ti, amanezco palpitando.
Eres tan dulce que dejas una colmena interna.
Vibra, siente con cada palabra o letras de ti.
Navego en la dirección correcta con tu brújula.

En el aire respiro de tu aroma desde el viento,
quiero vivir cada detalle, cada sueño a tu lado,
aprender a ser diferente, acariciarte el alma
porque eres tú, mi mujer, la ideal, mi costilla.

Aliento

Quise ver a través de tus ojos. En la inocencia
/de tus pupilas había fuego,
en ese fuego quemamos la piel pero quedaron
/los huesos soportando.
Había memorias en cada recuerdo había vida,
/fragmentos de mi alma.
Me quedé sin ti, pero aun estando lejos de ti seguías
/estando a mi lado.

Cada centímetro de mí tenía tatuado tu nombre,
/en cada poro de la piel
ese aroma a rosas que tu cuerpo despide cada
/que hacemos el amor.
La noche cerca de mi mente, en la oscuridad,
/mira tu recuerdo; la añoranza
sabe a mieles amargas que dejan en mi lengua
/sequedad y vacío de ti.

Motiva tu cuerpo, las caricias dejadas en el tiempo,
/la sonrisa fresca de tus labios.
Hay en cada detalle de ti fragmentos minerales de una coraza
/de acero destruida,
quizá los golpes de la vida doblegaron el metal que cubría
/tu corazón dañado.
No sé bien si tus sentimientos están rotos o si se hundieron
/en la marea de tu ser.

Hoy me falta el aliento, me falta por ti, porque no estás aquí.
/Te llevaste mi aire,
te quedaste conmigo en cada suspiro; me arrebataste
/de mi cuerpo y de mis huesos
todo el jugo, la fuerza que mi corazón destila
/que en una copa te bebes a carcajadas.
Me falta mi aliento, me faltas tú y sigo pensando
/cómo diablos me enamoré de ti.

Amor

La lluvia gana al sol interno que no quiere cubrirse de nubes
/oscuras en soledad
Resuenan en mi espacio rayos y relámpagos cubiertos
/de miedo, de tristeza
Pronto cesará esta corriente de agua que cae al espacio
/donde moja lo que toco
Si no fuese un día triste, si no fuese imaginación de ti,
/llover sólo sería un cuento

Siento el olor de ese barro que despide la madre tierra,
/cómo se llena de vida,
cómo bebe agua y cómo recobra energías al caer
/cada gota en el suelo que piso
Toca que abrirá la tierra el inframundo y tu vitalidad
/llegará hasta ese lugar
inexplorado donde ni siquiera la luz puede llegar,
/donde no llegan tus deseos

Se abren los cielos y vuelve a destellar el sol interno
/quien a favor del tiempo luce
Ha ganado la lluvia del corazón, sólo se motivaron
/los ojos, lámparas y espejos
De esta alma que vaga de nuevo en el cielo despejado,
/azul, ya no imagines
No sueñes ni decidas qué hacer sin mí, sólo despídete
/de todo lo que observas

Deja cada día al mundo real y escribe un final no de fábula,
/un final sin fin
en donde tu alma y la mía vayan de la mano,
/quizá en los días grises y otros,
algunos verdes y claros, jamás habrá espacios confinados
/donde encerrarnos
Vamos a amarnos, démosle vuelta a la tierra haciendo
/el amor, no la guerra

Mar

Me perdí en un océano de sentimientos
/y no me he encontrado
Traigo mis ojos desvelados por no dormir
/a tiempo en mi cama
Despierto he soñado contigo, llegas a amarme, hacerme tuyo
Puedo ver las olas de tu deseo, nado en ellas a mar abierto

Siento la sal de tu cuerpo, quema mi interior
/cuando brilla el sol
Donde está la tierra aún sigo nadando sin tierra firme,
/sin brújula
He recorrido todo el mundo en ti y aún sigo
/de pie en este mar
Dónde llegaré a encontrarte, en dónde estarás sin esperarte

Me quedo callado, escuchando caracoles que me hablan de ti
Nado entre delfines de sensaciones causadas por ti, me hundo
Cuando respiro el oxígeno de tu mar me vuelvo a encontrar
Reacciono sabiendo que este océano es tan grande, inmenso

Navego en busca de mis sentidos, pensando de nuevo en ti
Me encuentro en el azul profundo donde me muevo por ti
Hoy la luna no hizo tanta marea, me ilumino
/para encontrarte
Me cuenta que te ve en las noches cuando mis ojos
/la ven por ti

A mí alrededor todo es océano, todo es agua. Al fin.

Encanto

Esa curva delineada, donde faros alumbran mi camino,
muestran el amor que guardan tus pupilas por mí.
En ese gesto donde se posó la sonrisa se queda mi vida,
en esa carne delicada se queda mi ser, allí sobre el cristal.

Tienes la belleza de las flores, el olor de los jazmines,
la delicadeza de los alcatraces y el brillo de los girasoles.
¿Qué si he de marchitarte? No lo creo, no podría hacerlo.
He de regarte poco a poco para que vayas creciendo.

Desde el centro de tu ser hay armonía, se conjuga en ti,
simple, delicada, sencilla, hermosa cual melodía.
Hay un sabor para enamorar, un regalo que tomar,
mientras tanto, simplemente de ti me vuelvo a encantar.

Vacío

Tengo frío en mis huesos, hay tanta pesadumbre,
/mi piel no está a mi lado
Tengo mucha agua en mis ojos, en ellos existe
/un diluvio que viene del alma
Tengo tanta soledad en mi cuerpo, no hay calor
/en mi pecho, está vacío,
me seco en la oscuridad sintiéndome un hueco
/en el espacio donde vivo

Tengo un desierto en mi alma, un abismo creciente
/donde aguarda la nada
Tengo tanto amor perdido, ni siquiera encontrado,
/no te das cuenta del oro,
del mayor regalo que vive contigo, todo es tristeza
/sin ninguna sonrisa
Tengo tanto dolor, tanto frío en un día con sol
/sin nubes ni roció

Tengo muerta el alma, tengo necesidad de ti
/sin que me des un tiro
Tengo mucha pena, dolor, un jardín seco
/que se queda simplemente vació

Existencia y Tánatos

Me muevo por ti, descubro cada paso tuyo
Me quedo pensando en ti, dónde habitas
Dónde reposan tus aguas la marea alta
Me pregunto quién eres y quién serás

Cada momento que imagino es a tu lado
aun cuando en pedazos me encuentro
Armas mi alma, mi espacio en complejidad
Me das la sonrisa que necesita mi ser

Me muevo por ti sigilosamente en espera,
en espera de ti, de tu calor y tu cuerpo
Dame motivos para seguir admirando,
para poder contemplar las madrugadas

Enséñame a querer el tiempo viviendo
A educar mi cuerpo a tu fuego, al frío
Deja que mis manos te lleven al principio
Deja que me muera viviendo por ti

La soledad y la vida

Parecías estar estacionada en mis aposentos
Desde lo alto observabas mi vida con indiferencia
A carcajadas reías del amor dejándome al olvido

El aprendizaje, el amor, la conducta, la mente, tú

Aprenderé de la mejor manera sin que me condiciones, no quiero que me castigues. Necesito un estímulo de tu cuerpo, aquello que les dé respuesta a mis deseos. Si Pávlov hizo salivar a unos perros con comida, imagina qué puedes hacer con tu cuerpo. Con tan solo un chasquido de tus dedos puedo rendirme, dejar a un lado la conducta humana, ser un animal si lo deseas; si el ambiente no es propicio no modificarás mi conducta. Deseo que seas ese aprendizaje significativo, la instrucción precisa que deje huella en mi mente. Enséñame sustantivamente, no arbitrariamente; crea la estructura cognitiva de este alumno. Estoy predispuesto a saber de ti, a que me instruyas, a tener el conocimiento atractivo por tu voz en esta actividad mental donde juegas conmigo. Me vuelvo dinámico y flexible, me vuelvo tuyo.

Oponiéndome al automatismo y lo memorístico, a la repetición de condiciones sin sentido, hoy me enseñarás a utilizar las manos por medio de andamiajes; quiero recorrer cada curva, cada letra que toque de tu piel, levantar cada hoja poco a poco, sentir que respiras junto a mí. Haré una autoevaluación cuando termine, un autorefuerzo que me enfoque todo lo que hicimos. Con esa construcción en la mente, me adaptaré a lo que digas, restructurando mis conocimientos.

Estimúlame para aprender a conocer tus leyes, a saber más sobre tus principios y normas. En esta zona de desarrollo próximo, que tienen mis sentimientos hacia ti, imagino que me pierdo; que no hay día en el que mi autorregulación se enfoque a pensar en ti, a tenerte en mis brazos, a soñar junto contigo en construir el futuro, motivándome extrínsecamente con cada caricia. Con los besos intrínsecamente mi cuerpo clama por ti, tiene sed de ti, quiere tomarte, aprender. En cada valor de mi propio ser quiero construir, realizarme plenamente, llegar a la cúspide.

Hoy conseguiré saciar mis necesidades, alimentarme con tu carne, abrigarme con tu alma. Buscaré la seguridad y la aceptación, que la sociedad pueda vernos de la mano. Tendré el camino libre a la autorrealización, podré llegar sin temores; agradeceré al final. Haber tenido todo tu apoyo es contar con cada amanecer, darme el amor y el arte, adquirir lo más hermoso sin prohibición, el conocimiento, el amor a la educación.

Remate

Dime, cuando estás conmigo, si prefieres el día o la noche;
cada cuánto sueñas despierta a mi lado, amándome tanto;
háblame de las ilusiones que guardan en secreto tus labios;
cuéntame cómo prefieres que viva por siempre a tu lado.

La historia puedo ver sin detener mi camino en el ocaso.
Es difícil sentirse lastimado, correr sin los pies descalzos,
que esto se lo lleve la ceniza, la distancia, lo enajenado.
Invéntame un sendero donde no pueda derrumbarme.

Abrázame, no me dejes solo, puedo perderme en un instante.
Toma cada pedazo de mi alma, reconstrúyeme para siempre.
Puedo sentirte cubriendo, pegando sentimientos uno a uno.
Cuélgame en tu pared, róbame de este mundo imperfecto.

Sueño eterno

He colgado lo dulce, lo amargo, para no sentir.
No construiré de nuevo fantasías sobre sueños,
prefiero descansar las manos a tocar una vez más.
Encerré cada recuerdo de mi vida, dejé secarlos.

Ahogué la felicidad de un cuerpo celeste sin futuro.
Las aguas se mueven sobre la arena pensante.
Desdibuja la mirada sombras perdidas en la luz.
Se manifiesta el dolor con principios de una cura.

Doblé mi piel para guardarla perpetuamente.
Engañé a la risa, a la felicidad con caricias vanas.
Sentí a la muerte acompañándome, crucificándome,
dejándome perdido, ofuscado, olvidado en el infinito.

Casa vacía

Desocupada, sin techos firmes que soporten la noche,
en algún lugar sobre cenizas y muros frágiles, frívolos,
se encuentra la casa vacía, sin vida aparente, sola
dentro de sus paredes se esconde un último sollozo.

Con puertas sin abrirse ni tocarse perdió oportunidad,
cristalizada, húmeda, guardando muchos secretos,
queriendo algún día ser habitada y reconstruida. Sonríe,
muestra lo hermosa que es la soledad en la penumbra.

Navegación

Vulnerable de tu cuerpo, de tus besos, corrí hacia tus brazos,
dejé que me guiara el momento más oportuno de mi existir.
Desaté todos los amarres de mi pecho, busqué un sentido,
salí del muelle, navegué sobre el deseo arribando en ti.

Estabas frágil, necesitando el calor de mi pecho, esperando,
solicitando cartas de navegación para comprender mi ausencia,
preparando un viaje a lo desconocido más allá de lo inhóspito,
deseando con el ocaso encontraras en mí al amor de tu vida.

Taciturno

enredado en la melancolía apacible
despegado del mundo silencioso
envuelto en tristeza de un recuerdo
depositado, aislado en el tiempo

consumando nostalgias, entregado
devolviéndome un estado sin progreso
taciturno desde el alma, en pesadumbre
limitado a hablar de ti sin regocijo

Soy

Soy ese extraño lugar, la brisa y el viento,
la condena de lo inmaterial, la entrega,
una palabra de cortejo sobre los oídos,
las conjeturas que hacen sobre el universo.

Soy la gloria en el amor, la guerra en el sexo,
noches oscuras que aguardan a la luna,
pasiones, locura, deseo efímero de tu cuerpo,
ansiedad en la soledad, viviendo en el universo.

Antes de ti

Antes de ti no existía ni estaba despierto,
deambulaba sobre mi propio universo;
respiraba de amores inciertos, olvidado;
estaba sobre el mar caminando el desierto.

Antes de ti mis ojos veían corazones inciertos,
despertaba sin conocer los días, sin creerlos;
recordaba cada día sin sentimientos buenos;
robaba ilusiones de cuerpos ajenos, perdidos.

Antes de ti la lluvia caía sin mojar mi cara,
inundaba pensamientos, desbordaba oscuridad,
solía encontrarme ausente, sin génesis, solo.
Y un día llegaste a darme todas las emociones.

Abril

Nacimiento de una obra para la posteridad,
mármol esculpido sobre la roca del hombre,
transformación de flores, apertura del corazón,
imaginación de un mes bello donde crecer.

Creación de las deidades a través del tiempo,
un inicio para después perecer por siempre,
momento cumbre enaltecido por la palabra.
La paradoja de nacer en un eclipse del cuerpo.

Espera

No te marches así, deja que te acompañe al fin.
Vete segura de no dejar pasos sobre mi vida.
Voy a dejarte libre y fuerte, que no me extrañes.
Escribiré en el humo del tabaco todos mis deseos.

Pretendo que olvides por siempre sin recordarme,
que dejes de encontrarme en todos tus sueños.
No quiero que padezcas de mi amor por siempre,
pero, espera, regálame por favor un último beso.

Humildad

En empatía, con mi cuerpo, aún con limitaciones,
generando actitudes positivas de nuestro amor,
me alejo de tu vida sin egoísmos ni excentricidades.
Se feliz, pensaré en todas las risas que no te di.

Me preocuparé de que te abracen más de lo que pude,
que te regalen rosas en vez de lágrimas sufridas.
Quiero que sean mejor de lo que fui por las mañanas,
sólo por pensar que vuelvas a sonreír sin mi postura.

Pasiones

Algunas vanidades son prohibidas, ocultas,
pueden vivirse pero pierden a la razón. Por más
inconscientes, se disfrutan sin ver consecuencias
mas se mancha nuestro interior por avaricias.

Tienen nombres distintos, dependiendo quién.
Se excluyen a las cosas de dos y pasan a ser tres,
sin juicios. Nos envuelven para no desatarnos,
nos dejan vacíos como agujeros negros, reflejados.

Motivan a querer amar siempre subjetivamente,
colocan al dolor en un estrado, suplicando cariño,
y no duermen nunca hasta alcanzar lo inalcanzable,
destruyéndonos, encarcelándonos en un abismo.

Si por mí fuera...

Si por mí fuera te llamaría todas las noches con la luna
Te llevaría a bailar bajo el arcoíris melodías románticas
Entregaría las mejores versiones de lo que hay en mi
Practicaría mis mejores caricias para alegrar las mañanas

Haría el mejor desayuno, que disfrutes con mis besos
Tomaría tu mano sin soltarla, contigo me fusionaría
Saltaría en cada renacer hasta encontrarte de nuevo
Si por mi fuera jamás te dejaría ni en esta ni en otra vida

Pobreza

No pude comer sobre tus manos
Vacío, hambriento, así dormiré
Nunca encuentro dónde alojarme
Te ocupas cuando te requiero

Vivo en la pobreza que das sin queja
Suplico un poco de ti para levantarme
Mendigo un amor con gotas de grandeza
Me dejas a la distancia sin alimentarme

Prefiero morir de sed que alejarme de ti
Estar sin vida sin apartarme de tu imagen
Pero aquí en este momento de mi ser
prefiero ser yo a no ser nunca nadie

A mi viejo

Las canas alcanzaron tu cabello con sabiduría,
libraste las batallas con disciplina, con convicciones,
te enfrentaste siendo niño a miles de aventuras,
recordando a tu madre, quien fue fortaleza de tus pies.

Fuiste terco, desobediente pero grande en lo que hiciste,
habitaste la historia del año 1968 siendo justo, honesto,
tu forma de amarnos nos habló de la responsabilidad,
de saber cuándo retirarse, de seguir adelante sin rendirse.

Sonríele siempre al tiempo, no desesperes al caer la noche,
espera tranquilo, paciente, aún quedan momentos fortuitos.
Todavía necesitas ver el ocaso de mi vida, acompáñame,
recuerda que vivirías mil años. Suéltate, ama a la vida.

De qué se trata vivir

De qué se trata vivir cuando te asfixia la mente
Puedes pensar en lo bueno, malo, en caricias y besos,
entregas que se dan sobre la piel, dibujando deseos,
plenitud del éxtasis cuando cohabito sobre tu cuerpo

De qué se trata vivir, estás solo, encerrado en el mundo,
repitiendo cuentos donde lobos se disfrazan de corderos,
aceptando y no queriendo ser por no tener libertades,
ofuscado ante la sombra de mil amores que son eternos

De qué se trata vivir, en dónde está la plenitud deslumbrante,
dónde se guarda la vida eterna, el paraíso con final de cuento
Si debo morir que se acaben mis huesos para volver existir,
pero explícame: ¿por qué vivir para después morir sin amarte?

Mentiras

Siempre consciente de buscar en tu compañía el amor amé,
hilé remiendos que a pedazos diferentes recuerdos dejaron.
Me bebí tus besos envenenados como miel sobre tus labios,
transforme mi carácter para ser un sol sin luz, sin lastimarte.

Obedecí manías, reglas y normas de tu cuerpo al entregarme.
Ni toqué, ni pedí de más, sólo disfruté lo mucho que me dabas.
Inundé mi pecho, rebosé mis dedos, apasionadamente
/te seduje.
Creí que todo era maravilloso, la hermosa princesa del cuento.

Consentí tus caprichos. Las flores se marchitaban
/sugiriéndome
ciegamente sólo por tenerte a mi lado.
/Desprecie un final feliz,
sucumbí a tus ojos que me leían cada tarde una advertencia.
La crueldad de una mujer con mentiras, sin sentimientos.

Compañía

Qué ligero son los días que su sabor es fugaz
Se pierden las horas, todo es más sincero
Las comidas tienen sazones distintas a tu lado
Hasta el agua sabe a dulce, refresca el momento

Si no estás junto a mí se torna en matices grises
Por las noches la cama se vuelve un planeta
Salto y giro sin poder sentir la calma de tu cuerpo
Busco abrazarte, quedarme dormido sintiendo paz

Las mañanas son pesadas que me cuesta levantarme
Mi reflejo en el espejo no sonríe sin tu motivación,
envejece pálido, transformado en necesidades futuras
Así de difícil es pasar jornadas enteras sin tu compañía

Me devuelves

Me devuelves la vida con tus besos
apasionados colmados de tranquilidad;
enamorados de mis labios, delicados,
sedientos de los tuyos rojos superiores.

Me devuelves el alma al cuerpo
como un regalo difícil de alcanzar,
apreciando la maravilla de mujer,
sosteniendo lo interno de mi existir.

Me devuelves las sonrisas con cerezos,
sintiendo carcajadas sobre el cielo
con estrellas que se miran a lo lejos
entonando melodías sin instrumento.

Me devuelves las emociones al pecho
como sol creciente al despertarnos,
alterando interiores, excediéndome,
agradeciendo tu existir en mi universo.

Esperanzas

Un minuto, sólo un minuto necesito hablarte,
soportar la muralla que se viene sobre mi
sin doblegar las rodillas, colocando mi fe.
No ser nadie pero ser tu soporte a la vez.

¿Puedes creer que las esperanzas crecen?
Se dan sobre el campo como flores blancas,
se marchitan si no las cuidas o das rocío,
pero si lloras sin razón destruyen lo que ven.

No tengas miedo de quebrarte, piérdete.
De nuevo habrá una mano que inicie contigo,
que estreche lazos en tiempos solos, vacíos,
dejándote pleno, único, mejor que un higo.

Me entristece recordarte

No puedo ni siquiera pensar que sólo fuiste un sueño
en el que podía recorrer el paraíso con un alma de cristal,
pero caí cual fino roble, tratando de levantar el cuerpo
sin brazos, sin piernas, sin ti. Me entristece recordarte.

Tú que sólo mirabas desde lejos sin poder ayudarme.
Pronto la noche llegaría, el sol nos abrazaría lentamente
estando sobre el suelo. Caído, la tierra se adueñó de mí.
Los gusanos se comieron primero las ganas de vivir.

De mi corteza nacieron otros seres, vida por vida, amor.
Me entristece recordarte cuando nunca exististe o existió
sentir, amar, morir; el ocaso de una mente esquizofrénica
perturbada por mi gran amor, única, fiel simplemente hacia ti.

Cómo explicarte

Cómo explicarte lo que tu provocas en mí,
lo que tu amor hace en mi interior por ti,
lo feliz que me siento al estar enamorado
No imagino un futuro sin tus manos, sin tu voz

Cómo explicarte que un *te amo* no es suficiente,
un *te extraño* es minúsculo cuando me faltas
Nada es suficiente, lo eres todo sin contar la nada:
el principio, el génesis, a través de mi vida contigo

Cómo explicarte que todos mis sentidos, sentimientos,
todo existe gracias a ti, sin ti no puedo ser suficiente
No sería posible vivir si no me hubieras pensado un día,
no figuraría en ningún rincón sobre este planeta

Cuando nos falte tiempo

Cuando nos falte tiempo, sin terminar la noche,
el deseo en la cama se mezclará en las sábanas.
Correré a ver el día sobre tu hermosa espalda,
dejaré mi amor en tu almohada, admiraré la luna.

Cuando nos falte tiempo sin terminar la noche
arrancaré pensamientos para dejarlos junto a ti,
me quedaré en la habitación, en la oscuridad,
para acompañarte hasta que llegue el alba.

Tácito

Callada desde tu sombra emerge alegre sin que te expongas,
mantente bella en la soledad, no mires desde tus adentros
Si te amas no lo exclames, puedes gritar que necesitas atención,
dejar que escuche los sonidos gente que no te comprende

Me quedo contigo

Me quedo contigo entre el aroma del café,
en tu perfume de rosas, en esos ojos color miel
Me quedo a tu lado tomados de la mano,
aunque no existas, te seguiré esperando

www.ingramcontent.com/pod-product-compliance
Lightning Source LLC
Chambersburg PA
CBHW052001090426
42741CB00008B/1500